Spaß mit Clowns

Seitenverkehrtes erkennen

Zwick und Zwack haben einen Clown gemalt. Aber irgendetwas stimmt nicht. Hast du es schon entdeckt? Kreise die falschen Stellen ein. Wie müsste es richtig sein?

Gleiche Bilder finden

Nur zwei Clowns sind völlig gleich. Hilfst du Zwick und Zwack, sie zu finden? Kreuze die beiden Bilder an, und verbinde sie mit einer Linie. Erzähle dazu.

 Lege eine Hand auf die Zauberseite, und fahre die Umrisse deiner Hand mit einem Stift nach.

Mahlzeit!

An die richtige Stelle setzen

Zwick und Zwack wollen den Tisch decken. Wo gehören Messer, Gabel und Löffel hin? Klebe die Dinge an die richtige Stelle.

Lagebeziehung: auf – unter

Die Sitzordnung stimmt so aber nicht! Zeige mit Pfeilen, wer auf den Stühlen sitzt und wer seinen Platz unter dem Tisch hat.

Hund   Zwick   Katze   Zwack

Male einen schön gedeckten Tisch.
Wer sitzt bei dir zu Hause an welchem Platz?

Bunte Pause

Kannst du dich bewegen wie ein Hampelmann?
Zwick und Zwack zeigen dir, wie es geht.

Zuerst musst du die Hände über dem Kopf zusammenführen. Die Beine sind dabei gespreizt und stehen auseinander.

Dann hüpfst du und führst die Beine zusammen. Dabei ziehen die Arme einen großen Bogen. Schau, so!

Gut machst du das!

Das ist lustig!

Wenn das Zusammenspiel von Armen und Beinen gut gelingt, kann das Tempo gesteigert werden. Der **Hampelmann** ist eine lustige Bewegungsübung, die die Kinder wieder munter macht.

Richtungen: links – rechts

Auf dem Spielplatz

Zwick und Zwack schauen sich Fotos vom Spielplatz an. Suche alle Bilder, auf denen Zwack links von Zwick spielt, und kreise sie ein. Zwack hat schon ein Foto gefunden.

 Male dein eigenes Spielplatzbild mit dir und deinen Freunden.

7

Tieren auf der Spur

Den richtigen Weg finden

Der Maulwurf Max lebt unter der Erde. Wie kommt er zum Regenwurm Rudi, der gerade über die Erde kriecht? Male den richtigen Weg für Max auf.

Lagebeziehung: über – auf – unter

Jedes Tier hat einen anderen Lebensraum. Manche Tiere leben über der Erde, manche auf der Erde und manche unter der Erde. Hilf Zwick und Zwack, und klebe die Tiere an die richtigen Stellen.

 Wo leben die Eule, das Eichhörnchen und der Fisch? Male für jedes Tier ein Zuhause.

Schnell aufräumen!

Lagebeziehung:
oben – in der Mitte – unten

Zwick und Zwack räumen das Zimmer auf. Alle blauen Spielsachen müssen nach oben in den Schrank. Die roten Sachen kommen in das Fach in der Mitte. Und die gelben Spielsachen gehören unten hinein. Verbinde richtig mit Linien.

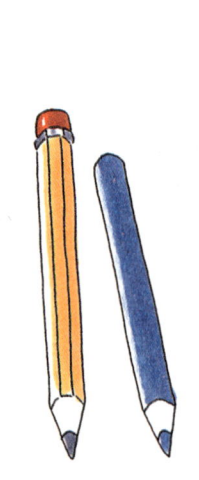

Auf den Kopf gestellt

Beim Aufräumen haben Zwick und Zwack einige Spielsachen falsch herum eingeräumt. Entdeckst du, was auf dem Kopf steht? Kreise diese Dinge ein.

 Male eines von deinen blauen und eines von deinen roten Spielsachen auf die Zauberseite.

Bunte Pause

Durch die Konzentration auf einen festen Punkt fällt es den Kindern leichter, auf einem Bein zu balancieren, ohne das Gleichgewicht zu verlieren.

Die Bastelanleitung für die Hampelfiguren findest du auf Seite 25.

Richtungsanzeigen

Schau einmal!

Zwick und Zwack schauen in unterschiedliche Richtungen. Suche am Seitenrand die passenden Richtungspfeile, und klebe sie richtig neben die Bilder.

Schau einmal nach rechts und nach links, nach oben und nach unten. Male, was du siehst.

Wie ist es besser?

Rechte und linke Hand

Zwick und Zwack möchten auf die andere Seite des Flusses. Der Weg führt für beide über die Brücke. Male Zwicks Weg mit der linken und Zwacks Weg mit der rechten Hand. Was geht besser?

Eigene Vorlieben herausfinden

Probiere einmal aus, welche Hand du benutzt. Male um alles, was du mit der linken Hand tust, einen blauen Kreis. Wenn du die rechte Hand nimmst, malst du einen roten Kreis. Und für beide Hände malst du einen gelben Kreis.

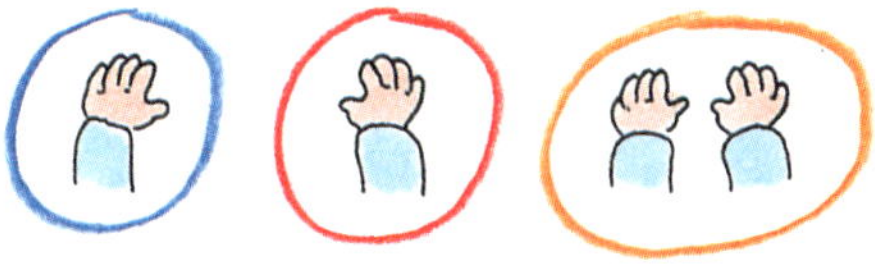

Versuche, einmal mit der rechten und einmal mit der linken Hand deinen Namen auf die Zauberseite zu schreiben.

Alle meine Entchen

Lagebeziehung:
über – auf – unter – neben

Wo sind die Enten? Zwick und Zwack machen ein Spiel.
Wer die richtige Antwort weiß, darf Farbpunkte malen.
Spielst du mit?

| über dem Wasser | auf dem Wasser | unter Wasser | neben etwas |

Sich auf der Seite orientieren

Ein Entenbaby hat seine Mama verloren. Hilf dem Entenbaby, und male den Weg zur Entenmama auf. Die Entenmama ist ganz oben links im Bild.

 Male große und kleine Enten auf deine Zauberseite.

Bunte Pause

Durch den **Katzenbuckel** können sich Verspannungen der Rückenmuskulatur lösen. Dies wirkt sich günstig auf eine aufrechte Haltung aus.

Genau schauen

Im Park

Zwick und Zwack spielen mit ihren Freunden Verstecken. Hilf den beiden beim Suchen. Kreise die Kinder ein, wenn du sie gefunden hast.

 Male dein Lieblingsversteck auf die Zauberseite.

Im Straßenverkehr

Richtig abbiegen

Zwick und Zwack überlegen: Wie müssen die Kinder fahren, um an ihr Ziel zu kommen? Achte auf die Handzeichen. Dann kannst du von jedem Kind eine Linie zur richtigen Abbiegespur ziehen.

Richtungen: links – rechts

Zwick will rechts, links, rechts abbiegen und dann dem Weg folgen. Zwack will links, rechts, links und noch mal links abbiegen und dann dem Weg folgen. Wo landen die beiden?

 Male deinen Weg zum Spielplatz auf. Wie oft musst du links und wie oft musst du rechts abbiegen?

21

Im Kaufhaus

Richtig einordnen

In welcher Abteilung des Kaufhauses kann man was finden? Hilf Zwick und Zwack, und ordne die Dinge mit Linien richtig zu. Weißt du, wie die Abteilungen heißen?

Wege finden

Zwack ist ganz oben im Kaufhaus und Zwick ganz unten. Wie kommt Zwick zu Zwack? Es gibt drei verschiedene Wege von unten nach oben. Fahre jeden Weg in einer eigenen Farbe nach.

Male, was du dir in einem Kaufhaus gerne kaufen würdest.

Hinweise für die Eltern

Auf dieser Seite bieten wir Ihnen Ideen, wie Sie mit Ihrem Kind das Thema „Räumliche Orientierung" über das **LernSpielZwerge**-Heft hinaus im Alltag weiterverfolgen können. Wir unterscheiden dabei zwischen Möglichkeiten der sprachlichen Förderung und handlungs- und bewegungsorientierten Vorschlägen. Berücksichtigen Sie bei Ihrer Auswahl bitte immer die Konzentrationsfähigkeit und das Bewegungsbedürfnis Ihres Kindes. Grundsätzlich bieten die Bilder motivierende Gesprächsanlässe, zu denen Sie Ihr Kind möglichst frei erzählen lassen sollten. Gezielte Fragen können das Gespräch vertiefen und auf Details aufmerksam machen. Der beste Erzählanreiz für Ihr Kind ist es, wenn Sie ihm bei allem, was es erzählt, aufmerksam und interessiert zuhören. Da Bewegung ein wichtiger Bestandteil für die Entwicklung Ihres Kindes darstellt, haben wir bei unseren Anregungen auch diesen Aspekt berücksichtigt.

Seite 2/3:
1. Wo gibt es Clowns?
2. Was macht ein Clown?
3. Woran kannst du einen Clown erkennen?
4. Ist ein Clown immer lustig?
5. Lass dich von Mama oder Papa als Clown schminken.
6. Versuche, einen Clown zu spielen.

Seite 4:
1. Für wen hast du schon einmal den Tisch gedeckt? Erzähle.
2. Was gehört alles zu einem schön gedeckten Tisch?
3. Was kann neben Geschirr und Besteck noch auf dem Esstisch stehen?

Seite 5:
1. Wer sitzt alles mit an eurem Tisch?
2. Wer sitzt wo?
3. Warum sollten Hund und Katze nicht mit am Esstisch sitzen?

Seite 7:
1. Was gibt es auf einem Spielplatz alles?
2. Womit spielst du am liebsten?
3. Zeige die Bewegung, die man beim Schaukeln machen muss. Kannst du es schon?

Seite 8:
1. Wie sieht ein Maulwurf aus? Beschreibe ihn.
2. Wie fühlt er sich an?
3. Warum fühlt der Maulwurf sich bei Tageslicht nicht wohl?

Seite 9:
1. Welche anderen Tiere kennst du? Weißt du auch, wo sie leben?
2. Wie bewegen sich die Tiere? Mache es nach.

Seite 10:
1. Schau dir deine Schränke einmal an. Was liegt wo?
2. Räumst du alles immer sofort weg?
3. Beschreibe deine Lieblingsspielsachen.

Seite 11:
1. Vielleicht schaffst du mit der Hilfe von Mama oder Papa einen Kopfstand. Wie sieht die Welt aus, wenn alles auf dem Kopf steht? Erzähle.

Seite 13:
1. Stell dich mitten in den Raum, und schau einmal in die verschiedenen Richtungen. Was siehst du da? Erzähle.
2. Zeige, wo oben und wo unten, wo links und wo rechts ist.

Seite 14:
1. Bist du schon einmal über eine Brücke gegangen? Wie war das?
2. Worüber können Brücken einen führen?

Seite 15:
1. Was kannst du alles mit der linken Hand und was mit der rechten machen? Probiere es aus.

Seite 16:
1. Welche Farben können Enten haben?
2. Was fressen Enten?
3. Welche Geräusche kann eine Ente machen?
4. Kannst du wie eine Ente watscheln? Versuche es.

Seite 17:
1. Hast du dich auch schon einmal verirrt? Erzähle.
2. Was kann man tun, wenn man sich verlaufen hat?
3. Kennst du schon deine Adresse? Wie heißt die Straße und die Hausnummer? Wie heißt der Ort?

Seite 19:
1. Beschreibe, wo die Kinder sich überall versteckt haben.
2. Wo versteckst du dich am liebsten?

Seite 20:
1. Hast du auch ein Fahrrad? Beschreibe es.
2. Kannst du schon Fahrrad fahren?
3. Lege dich auf den Boden, und mache die Bewegung nach, die man beim Fahrradfahren macht.

Seite 21:
1. Bist du schon einmal Kettcar gefahren?
2. Wohin darfst du schon allein fahren oder gehen?

Seite 22:
1. Was kann man im Kaufhaus alles kaufen?
2. Hast du dir auch schon einmal etwas gekauft?
3. Welche Abteilungen gibt es in einem Kaufhaus?

Seite 23:
1. Wie muss man sich auf einer Rolltreppe verhalten?
2. Welchen Weg würdest du wählen?